AF495116

HELVÉTIUS
A VORÉ,
COMÉDIE HISTORIQUE.

HELVÉTIUS
A VORÉ,
COMÉDIE HISTORIQUE EN UN ACTE,

PAR J. C. F. LADOUCETTE.

Des sages d'Athène et de Rome
Il eut les mœurs et la candeur.
Il peignit l'homme d'après l'homme,
Et la vertu d'après son cœur.
LA ROCHE.

DEUXIÈME ÉDITION.

PARIS,
Mme Ve DABO, LIBRAIRE, rue du Pot-de-Fer, No 14.
MASSON, LIBRAIRE, rue Haute-Feuille, No 14.
1825.

Helvétius appartenait à une famille originaire du Palatinat, qui avait passé en Hollande et de là en France. Son bisaïeul s'était distingué dans l'art de la médecine, au point que Leurs Hautes Puissances avaient fait frapper des médailles pour perpétuer le souvenir de ses services. On doit à l'aïeul d'Helvétius l'usage de l'ipécacuanha ; son père sauva d'une maladie dangereuse Louis XV, encore enfant, et il devint premier médecin de la Reine. Helvétius, né en 1715, n'avait que 23 ans lorsqu'il fut nommé fermier-général ; et il lui arriva souvent, dans cette place, de plaider la cause du peuple auprès du ministère. Il quitta les fermes en 1751, lorsqu'il épousa la belle mademoiselle de Ligniville, nièce et élève de madame de Graffigny. Il se retira alors auprès de Mortagne, dans sa terre de Voré, où il se livra entièrement aux lettres et à l'amitié. Nous ne parlerons pas ici des écrits qu'il publia, et qui lui méritèrent une réputation brillante en France et à l'étranger, tout en excitant contre lui des persécutions dans sa patrie. Helvétius avait amené à Voré un vieux secrétaire nommé Baudot, qui, le connaissant depuis ses premières années, abusait de cette circonstance pour le provoquer sur sa conduite, son esprit, ses ouvrages, et pour l'accabler d'observations caustiques et chagrines; la patience d'Helvétius ne se démentait pas plus que la bienfesance dont on a eu tant de preuves jusqu'à sa mort, arrivée le 26 décembre 1771. Un de ces traits de bienfesance inspira l'idée d'une pièce, jouée, du vivant de madame Helvétius, qui combla l'auteur des bontés les plus touchantes. Tous les amis du philosophe assistèrent à la première représentation, et entraînèrent les suffrages du public. Plusieurs théâtres, en France et à l'étranger, ont donné cette comédie au profit des indigens; sur le lieu même de la scène, à Voré, un petit-fils et une petite-fille d'Helvétius, avec les descendans des divers personnages, ont retracé la belle action de leurs illustres aïeux, en présence de tous les habitans; ceux-ci retrouvaient les faits dans leur entière exactitude, et ils se croyaient revenus aux tems où ils possédaient de si dignes époux.

—

PERSONNAGES.

HELVÉTIUS.
Mme HELVÉTIUS.
BAUDOT, vieux secrétaire d'Helvétius.
ANDRÉ, manouvrier.
ROSE, sa fille.
LUCAS, amant de Rose.
DUTAILLIS, garde des bois d'Helvétius.
PICARD, valet de chambre d'Helvétius.

La scène offre au fond le château de Voré, et sur les côtés, des jardins.

HELVÉTIUS
A VORÉ,
COMÉDIE HISTORIQUE.

SCÈNE PREMIÈRE.

ROSE, LUCAS.

LUCAS.

MA chère Rose !

ROSE.

Mon ami !

(Ils se prennent par la main.)

LUCAS.

C'est pour demain la cérémonie.

ROSE.

Demain nous serons heureux.

LUCAS.

Tu vas donc être la femme de Lucas ?

ROSE.

Et Lucas, j'en suis sûre, Lucas m'aimera toujours ?

LUCAS.

Oh ! oui, toujours ; je le jurerai devant

monsieur et madame Helvétius; et l'on observe bien les sermens que l'on fait sous les yeux de la vertu. Chère Rose, que notre petit ménage va devenir intéressant! Nous sommes sans fortune; mais avec de bons bras et du courage, en partageant nos travaux, nous les rendrons plus légers.

ROSE.

Et quand nous serons fatigués ?...

LUCAS.

L'amour nous rendra des forces.

ROSE.

Tu ne songes pas aux affaires d'intérêt; comment paieras-tu tes fermages, s'il survient une mauvaise année ?

LUCAS.

Avec le produit de la fertile moisson qui la suivra. Est-ce que M. Helvétius ne vient pas aider ses cultivateurs ? Lorsqu'ils sont honnêtes, ne leur avance-t-il pas de l'argent, dans leurs besoins ? As-tu oublié le procès de mon oncle Guillaume ? Il avait raison pour le fait; mais Mathurin, qui le plaidait, avait pour lui ce qu'ils appellent les formes, et mon oncle aurait été ruiné, si notre brave seigneur n'eût payé lui-même le prix du jardin qui était l'objet de la contestation.

ROSE.

Que je l'aime pour sa bienfesance !

LUCAS.

Avec quel zèle il prodigue ses soins aux malades de ce canton ! il vient souvent les visiter avec son épouse ! il a pour eux un médecin, une pharmacie, des secours de toute espèce.

ROSE.

Picard m'a dit que quand madame Helvétius retournera à Paris, elle chargera la veuve Bredin de rassembler les pauvres filles et femmes des environs, de les occuper pendant la mauvaise saison à faire des bas au métier, à dévider les fils des vers à soie, et toutes seront payées exactement. Si riche, être si simple ; si belle, être si bonne ! Elle était faite, Lucas, pour épouser M. Helvétius.

LUCAS.

Sais-tu que Picard restera avec nous, tous les hivers ? Les malheureux dessécheront des marais, ils répareront des chemins, ils défricheront des bruyères ; et Picard, qui leur montrera l'ouvrage, aura l'argent nécessaire pour tout cela. Son maître lui disait, et je ne l'oublierai pas, Rose, qu'il n'y a que ceux-là qui ne font rien qui sont méprisables, et que l'homme qui a de la fortune est trop heureux d'en donner à ceux-là qui travaillent bien.

ROSE.

Le Ciel doit réserver le bonheur pour

M. Helvétius. On dit pourtant qu'il a des peines.

LUCAS.

Des gens qui se croient savans se démènent, s'agitent contre lui; et j'ai été bien étonné d'entendre dire que c'est parce qu'il veut qu'on ne trompe pas le monde, et que chacun apprenne à penser. Faut qu'on aille, suivant lui, à la chasse des idées! mais si on le tourmente à Paris, il a nos cœurs, et il aura ceux de nos enfans. A ce mot, tu rougis, Rose, tu en es plus belle encore.

ROSE.

Je suivrai les conseils qu'il donne à toutes les femmes du pays, je nourrirai moi-même mes enfans; et s'ils prennent, avec mon lait, mes sentimens, Lucas, ils seront bons, et ils t'aimeront tendrement. Mais le soleil est déjà bien haut; mon père est sorti avant le point du jour, et je veux être à la maison pour son retour. Adieu, Lucas.

LUCAS.

Va, Rose, va, exerce ta piété filiale... J'aperçois Dutaillis qui l'aura vu peut-être.

ROSE.

Il a l'air bien rêveur.

SCÈNE II.

LES PRÉCÉDENS, DUTAILLIS.

DUTAILLIS.

V'LA encore c'te jeune Rose avec son biau Lucas. Ils riont ensemblement ; all' me maprise parce que j'nons pas c'te tournure farluquette. Dam', j'ons not' marite c'tapendant! Aucun ne connaît mieux qu' moi les essences, les âges du bois, et j' crois que...

LUCAS.

Serviteur, M. Dutaillis.

DUTAILLIS.

Sarviteur.

LUCAS.

N'avez-vous pas rencontré André ?

DUTAILLIS.

Queu André ? C'tilà, le père à Mam'selle Rose ?

ROSE.

Lui-même.

DUTAILLIS.

Eh ben ! j' l'ons vu, j' l'i ons même parlé ; vous l' charchez ? Mam'selle, ertournez chez vous ; v' s'en apprendrez de jolies choses.

ROSE.

Dutaillis, explique-toi.

DUTAILLIS.

Oh! que nenni. (*A part.*) Ça vous a une figure, une façon si gentille! mais ne parcipitons rien. (*Haut.*) Nous sommes un garde vigilant, qui ne sommes dirigés que par not' devoir, entendez-vous, M. Lucas. Mais j' n'ons pas le tems de bavarder avec vous; j'ons affaire à M. Baudot, au château; c'est un homme, ça, qu'a la parole en main; il a tenu Monseigneur enfant, et pas pus haut que ça.

ROSE.

Lucas, on est bien malheureux d'être insensible comme ce méchant-là.

(Ils s'en vont, en manifestant dans leurs gestes un vrai mépris.)

SCÈNE III.

DUTAILLIS.

Ouais, ouais, gaussez-vous de moi : rira ben qui rira l' darnier. Tu m'as refusé, fiare Rose, mais j' tenons ton père, et pour sortir de c'te prison, faudra, morguienne, qu'il me baille ou sa fille ou d' l'argent. V'là monsieur Helvétius; veux-je t'i l'i parler tout de suite? Non, m'est avis qu'on doit toujours s'adresser d'abord au sacrataire.

(Il sort.)

SCÈNE IV.

HELVÉTIUS, des papiers à la main.

Me calomnier, m'accabler d'injures et de persécutions, sans vouloir m'entendre! Cela ne m'étonne pas : ils vivent de préjugés, et je leur enlevais leur subsistance. Applaudissez-vous, messieurs les faux dévots. Vous m'avez fait signer une rétractation; mais Galilée et Fénélon m'en avaient donné l'exemple, et Voltaire m'accorde les consolations de l'amitié. Sa dernière lettre ne me quittera jamais. (*Il lit.*) « Les misérables! ils parlent » de vertu, et nous la pratiquons. Ils vendent » du poison, et l'on veut nous empêcher de » distribuer les remèdes! Il y a une belle histoire à composer, celle des contradictions : » elle ferait rire à chaque ligne. Je vous recommande, mon cher philosophe, d'entreprendre cette histoire... Quand une nation se met à penser, il est impossible de » l'en empêcher; les bons serviteurs de la » raison et du Roi triompheront à Voré comme » à Paris. Je vous embrasse en Confucius, » Épicure, Platon et Cicéron ». — Oui, Voltaire! je suis idolâtre de la vérité, dussé-je en être la victime! Qu'on proscrive mon livre de l'Esprit en France! il est traduit dans toutes les langues de l'Europe! qu'on brûle les ouvrages de la philosophie, ils renaîtront de leurs cendres, et les envieux disparaîtront à leur tour. En attendant, laissons un moment reposer la plume. Fils, époux, père heureux, employons mes richesses à secourir les indigens : le tumulte des plaisirs étouffe trop souvent les cris de l'infortune. Déjà ce canton est vivifié par une industrie nouvelle; la manufacture que j'ai établie ne grossit pas mes recettes, mais elle assure l'existence à une centaine d'êtres intéressans, qui n'ont plus à rougir de tendre la main à un passant dédaigneux. Être suprême, puisse un jour ma patrie, dégagée des liens de la servitude, réunir tous les malheureux dans des établissemens utiles, et extirper ainsi le honteux fléau de la mendicité! Les mœurs s'épureront alors, et l'étranger, admirant notre France, enviera son bonheur. Le bonheur! Ce mot me rappelle à mon poëme chéri.

(Il s'assied sur un banc, tire un cahier de sa poche et lit :)

O sainte vérité! c'est dans ton temple auguste
Que l'homme doit puiser les notions du juste.
Aveuglé par l'erreur, trop long-tems on l'a vu
S'égarer dans le crime en cherchant la vertu!
Il est tems que ta main dessille sa paupière.

Montre-lui qu'ici-bas ton utile lumière
Peut seule y ramener un siècle de bonheur !...

SCÈNE V.

HELVÉTIUS, BAUDOT, DUTAILLIS.

BAUDOT, à Dutaillis.

ATTENDS un moment, je te réponds d'une justice exemplaire.

HELVÉTIUS.

Ah ! voilà notre ami Baudot ; je parie qu'il va me gronder... Qu'as-tu donc ? tu me parais bien en colère.

BAUDOT.

Oui, contre vos sottises ; vous les entassez à plaisir. Cela me donne soir et matin une humeur... une humeur... qui me fatigue moi-même.... (*Otant son chapeau.*) Bonjour, Monsieur.

HELVÉTIUS.

Tu m'effraies sur ton état : veux-tu me dire quels sont tes nouveaux griefs ?

BAUDOT.

Depuis que vous êtes possesseur de la terre de Voré, vous achevez de dissiper votre fortune.

HELVÉTIUS.

Mais quelles preuves en as-tu ?

BAUDOT.

Quelles preuves!.... Quelles preuves!.... Leur multitude les embrouille dans ma tête!... Ah! par exemple, ce M. de Vasseconcelle, qui devait dix années de cens, vient vous trouver; il montre ses cheveux blancs, il pleure, il se jette à vos pieds; madame Helvétius et vous, avez la faiblesse de fondre en larmes, de le presser dans vos bras. « Vous me paierez à l'avenir comme vous le pourrez, lui dites-vous; voici un papier qui doit empêcher les gens d'affaires de vous tourmenter. » Ce papier-là, c'était la quittance de tous les arrérages.

HELVÉTIUS.

Vasseconcelle est digne de respect; voulais-tu que je le fisse exécuter? La parole suffit à un honnête homme; la mauvaise foi seule a nécessité les contrats.

DUTAILLIS, à part.

Jolis parceptes! mais ben sot qui s'y fie.

BAUDOT.

Il a, grâce à vos bienfaits, acheté de belles possessions.

HELVÉTIUS.

Tant mieux; de leur produit il amassera de quoi me solder entièrement.

BAUDOT.

Serez-vous payé de ces écrivains faméliques à qui vous faites des pensions?

HELVÉTIUS.

- Tu parles bien légèrement de véritables hommes de lettres. Mon ami, pour se vouer utilement au culte des muses, il ne faut pas être obligé de songer au nécessaire. Le rossignol ne chante que quand sa subsistance est assurée. C'est-là ce que tu as à me reprocher en ce moment !

BAUDOT.

Voyons. Dans la position brillante où vous êtes, vous souffrez que l'on manque aux égards qui vous sont dus. Je ne dirai pas qu'en Angleterre votre chaise est renversée par un maladroit postillon. Les glaces, en se brisant, vous blessent, et au lieu de vous soigner, vous courez relever de vos mains ensanglantées le rustre froissé sous son cheval. Je vous pardonne en un pareil moment cet oubli de vous même. Mais croyez-vous que j'aie oublié le jour où un maudit charretier obstrua méchamment une rue de Paris, et arrêta votre voiture ? D'abord, vous fîtes parler votre indignation. Il osa vous dire : « Vous avez raison, et j'ai tort; je suis un coquin, et vous un honnête homme; car vous êtes en carrosse, et je suis à pied ». Vous vous prîtes à rire ; vous eûtes la folie non-seulement de le remercier de cette leçon impertinente, mais encore de lui donner une récompense, et de me faire complaisamment descendre avec Picard pour vous aider à ranger sa charrette.

HELVÉTIUS.

J'avais obéi au préjugé; le sentiment m'éclaira, et le raisonnement acheva son ouvrage.

BAUDOT.

Le raisonnement! mettez-vous beaucoup de raisonnement dans les libéralités que vous étendez souvent sur de mauvais sujets?

HELVÉTIUS.

Si j'étais Roi, je les corrigerais; mais je ne suis que riche, et ils sont pauvres, je dois les secourir.

BAUDOT.

Je ne puis excuser votre conduite dans l'affaire de votre plus violent persécuteur, de ce jésuite (*) que vous obligeâtes si mal à propos?

HELVÉTIUS.

Baudot, je te l'ai dit, ce prêtre était malheureux!

BAUDOT.

Malheureux! oui, la chute de son ordre le plonge dans l'indigence; mais il vit, et le

(*) Le père Pless.

Ciel le traite encore avec trop de douceur. Vous, par je ne sais quelle faiblesse de cœur, vous venez à l'aide du crime, et vous me chargez, moi, moi l'adversaire irréconciliable des tartuffes, de trouver la main inconnue qui place vos dons sans vous nommer.

DUTAILLIS.

Récompenser ses ennemis ! je n'en ferions pas autant; mais ma foi, c'est biau.

BAUDOT.

Quant à vos droits seigneuriaux, Dieu merci, vous les laissez à l'abandon ; vous aimez la chasse, et vous souffrez que sur votre terrain l'on détruise le gibier.

DUTAILLIS, à part.

V'là que ça vient.

HELVÉTIUS.

Je ne le permets point, et je me suis même là-dessus expliqué bien formellement.

BAUDOT.

Vous avez porté des défenses, et vous les violez vous-même; souvenez-vous du braconnier que je vous amenai l'année dernière.

HELVÉTIUS.

Ne l'ai-je pas vivement réprimandé ?

BAUDOT.

Oui, d'une belle manière, du ton le plus doux : « Si vous aviez besoin de gibier, que » ne m'en demandiez-vous, je ne vous en » aurais pas refusé. » Et vous le renvoyâtes, à votre honte, en lui fesant donner du gibier.

HELVÉTIUS.

A la première occasion, Baudot, je saurai déployer plus de fermeté.

DUTAILLIS.

J'y sommes... Mais, M. Baudot, ne pardez pas de vue....

BAUDOT.

Tu as' raison. Approche, grand benêt, et conte à Monsieur ce que tu viens de me dire.

DUTAILLIS.

Tredame, volontiers. Faut donc vous aviser, Monseigneur, que ce matin, j'allions à not' ordinaire, courre vos bois, et il fesait un tantinet fort brun : v'là tout d'un coup que j'entendons queuque chose qui se coulait tant doucement, tant doucement sous le feuillage ; j'avançons à pas de loup, et je m'assurons que ce queuque chose-là est un homme; je prenons bravement mon fusil, je l'armons, (*il l'arme et couche en joue*) et je...

HELVÉTIUS, vivement.

Et tu as osé tirer !

DUTAILLIS.

Oh ! nenni da... et c'tapendant les ordonnances m'autorisaient à le faire.

HELVÉTIUS.

Tuer un homme pour un lièvre !... Si les édits le permettaient, le cœur en rejetterait jusqu'à l'idée.

BAUDOT.

Fort bien, Monsieur, ces lois anciennes étaient barbares, et je n'en serai jamais l'apologiste. Punissons le coupable; ne l'assassinons pas.

HELVÉTIUS.

Ami, je te reconnais là. (*Avec réflexion.*) Baudot, tu m'as vu naître; tu as le courage de me parler de mes défauts; peut-être on trouverait difficilement en moi tous ceux que tu me remontres, parfois avec un peu d'amertume: mais sans toi, mon cher Baudot, comment saurais-je si l'on a des reproches à me faire ? seul tu m'obliges à m'examiner avec un soin scrupuleux; c'est un service réel que tu me rends, et j'honore ta franchise. (*Il lui serre la main, et dit à Dutaillis :*) Toi, achève ton récit.

DUTAILLIS.

Je li disons ben poliment: (*d'une voix me-*

naçante) Ah! çà, qu'est-ce que tu fais là? Il ne répondit rien; mais deux pardreaux dans sa gibecière, morts qui z'étions, répondirent pour lui. Suivant vos ordres, Monseigneur, je li prîmes hardiment son fusil, et le menâmes en prison, d'où il ne sortira, sous votre bon plaisir, qu'en nous payant une bonne grosse amende. (*A Baudot.*) Qu'il ne me la retranche pas, au moins!

BAUDOT.

Le coquin ne pense qu'à son intérêt; que ces gens-là sont vils!

HELVÉTIUS.

Tu seras content, Dutaillis; le braconnier subira la peine qu'il mérite. Je ne refuse jamais, je ne veux pas que l'on me dérobe.

DUTAILLIS.

Bon; ça s'emmanche tout de son mieux possible pour l'accomplissement de mes souhaits. Pressons l'affaire pour que not' seigneur ne puisse revenir là-dessus quand i' voudrait. Ah! je vous damerai le pion, maître Lucas.

(Il sort.)

SCÈNE VI.

HELVÉTIUS, BAUDOT.

HELVÉTIUS.

Nous serons de bon accord, Baudot, je fais ce que tu veux ; allons, ne me boude pas. Si j'ai été tout à l'heure un peu trop vif, tu me le pardonneras.

BAUDOT.

Si je suis quelquefois un peu trop brusque, vous me le pardonnerez aussi.

SCÈNE VII.

LES PRÉCÉDENS, PICARD.

PICARD.

Des lettres qui viennent d'arriver.

HELVÉTIUS.

Donne. Du Roi de Prusse !... Comme il travaille pour être loué !.... De l'Impératrice de Russie... Que de grandeur et de faiblesses !... De Saurin... Ah ! je vais lire et relire cette lettre.

BAUDOT, réfléchissant.

Préférer à des têtes couronnées un écrivain utile, l'homme que l'on chérit !.... Ma foi, c'est juste.

HELVÉTIUS.

La grandeur rappele l'être qui pense à l'idée des malheurs et des crimes sur lesquels l'amitié étend un officieux bandeau. (*Il continue à lire.*) Montesquieu me consulte sur l'Esprit des lois; son livre, ce manuel des Rois et des peuples, sera un jour déposé au parlement d'Angleterre, comme autrefois les oracles dans le temple de Delphes. Ah! voici une lettre de madame de Graffiguy.

BAUDOT.

Madame Helvétius sera bien contente d'avoir des nouvelles de cet aimable auteur qui a présidé à sa première éducation ; grâce à ses conseils, elle évita les femmes qui avaient des prétentions à l'esprit et surtout les savantes.

HELVÉTIUS.

Ma femme n'aime pas les ridicules.

BAUDOT.

Madame dit quelquefois: Je suis ignorante; mais c'est avec un sourire fin qui indique un esprit cultivé.

HELVÉTIUS.

Son auteur favori, c'est Plutarque ; elle avait fait, bien jeune encore, des extraits de ses ouvrages. Plutarque lui a inspiré pour les grands hommes une admiration respectueuse.

BAUDOT.

Je lui ai entendu dire qu'il l'eût empêchée d'épouser un homme ordinaire...

HELVÉTIUS.

De la flatterie, Baudot !

BAUDOT.

Vous n'êtes jamais content, je suis juste ; je vous gronde, quand vous le méritez, je vous apprécie. Je tiens de Madame ; (niez cela, si vous le pouvez), que, chaque matin, prévenant les distractions de la journée, vous reportez sa pensée sur les occupations ou les discours de la veille, vous marquez avec douceur les fautes légères que son extrême vivacité, sa noble franchise, lui auraient laissé commettre ; vous faites des observations piquantes sur la foule d'hommes de tous pays. distingués dans tous les genres, que vous recevez, et dont heureusement nous n'en avons pas un aujourd'hui.... c'est vous que je loue de ces exclamations, de ces mots d'âme, pour parler comme nos modernes littérateurs, qu'elle jette au milieu des discussions les plus profondes, et qui étonnent d'autant plus qu'on la croirait distraite, inoccupée.

HELVÉTIUS.

Elle dit tout avec justesse, avec abandon, avec charme ?

BAUDOT.

Un jour elle m'avait chargé de raconter une particularité qu'elle m'avait apprise. Elle m'arrêta au milieu d'une phrase ; j'avais involontairement omis une tournure, une expression qu'elle restitua au discours, et qui lui rendirent sa grâce et son énergie.

HELVÉTIUS.

Je lui ferai observer combien tu 'es bon pour elle. Mais il ne faut pas que tes complimens nous empêchent de penser au chasseur que nous privons de sa liberté. Rends-toi dans la prison de ce pauvre homme, et veille à ce qu'il ait un lit et de la nourriture.

BAUDOT.

Pour cela, soyez tranquille. Respect aux lois, humanité.

(Helvétius sort.)

SCÈNE VIII.

BAUDOT.

Cet Helvétius s'est créé des principes de conduite tout extraordinaires. Quitter la place de fermier-général, parce qu'il voulait y agir en philantrope ; maître d'hôtel de la Reine, être disgracié à la cour parce qu'il osait arracher la livrée de l'erreur, rien n'a pu l'ébranler. Avait-il si grand tort au fond? Oui; d'être un sage dans ce siècle, où il faut au moins paraître fou pour prospérer. Mais si tout est folie dans ce monde, la vertu a cependant là (*mettant la main sur son cœur*) quelque chose qui paie tous les sacrifices qu'on fait pour elle. Avouons-le; si j'affecte une humeur quelque peu mordante, c'est pour empêcher que la bonté d'Helvétius ne dégénère en faiblesse.

SCÈNE IX.

BAUDOT, ROSE, LUCAS.

LUCAS.

M. Baudot, pourrions-nous dire deux mots au Seigneur?

BAUDOT.

Il vient de s'enfoncer sous ce berceau. Ne va pas l'y distraire; il ne tardera pas à revenir ici. Je crois, Lucas, qu'avec cette jeune fille-là tu ne t'ennuieras point à attendre. (*A Rose qui le salue.*) Oh! bonjour, bonjour, trève de saluts, de soumissions, cela me déplaît. (*A part.*) Allons voir ce braconnier; il faut songer à ce qu'il ne puisse s'échapper, mais à ce qu'il ne manque de rien.

SCÈNE X.

ROSE, LUCAS.

LUCAS.

SÈCHE tes larmes, mon amie, elle me font trop de mal.

ROSE.

Mon père dans une affreuse prison !.... m'avoir refusé de la partager avec lui !....

LUCAS.

Mais rien n'est encore perdu, si M. Helvétius se laisse fléchir.

ROSE.

Je n'ose l'espérer ; mon père a violé les défenses, et rien ne peut le soustraire à la vengeance de Dutaillis. Ce misérable voulait m'épouser, il n'a pu y réussir ; maintenant il compte que le malheur va enfin arracher à mon père un fatal consentement.

LUCAS.

Il y compte... (*A part.*) Mais ne saurais-je pas moi-même me procurer le montant de l'amende ? tout ce que je possède... tout. Oui, tout... Ne balançons pas.

ROSE.

Que dis-tu, Lucas ?

LUCAS, à part.

Le procès-verbal est dressé, affirmé par ce garde maudit; quelques momens encore, rien ne sauverait André. Oh! pourvu que dans la précipitation je puisse vendre, que j'aie assez d'argent!... (*Haut et vite.*) Rose, je vais te quitter.

ROSE.

M'abandonner dans cette position affreuse?

LUCAS.

Il le faut, ma chère Rose, je reviendrai bientôt.

ROSE.

Et tu veux que seule devant M. Helvétius?.. Je n'oserai jamais lui parler.

LUCAS.

Sois sans inquiétude; mais il s'approche. Attends, je vais te présenter à lui.

SCÈNE XI.

LES PRÉCÉDENS, HELVÉTIUS.

LUCAS.

MONSIEUR, Monseigneur, la voilà ma bien-aimée, dans le plus violent chagrin; elle a besoin de vous, ne la rebutez pas. Vous êtes si compatissant, elle est si timide, vous l'écouterez, n'est-ce pas, Monseigneur, vous l'écouterez ? (*Il s'en va et revient.*) Je vous en conjure, prenez pitié de son état. Je vais, je cours. Oh ! c'est au plus généreux des hommes, c'est au cœur d'Helvétius que je la confie.

SCÈNE XII.

HELVÉTIUS, ROSE.

HELVÉTIUS, à part.

Son cœur !.... son état... Je serai ici conseiller d'amour ; au reste ce rôle ne m'effraie guère. (*Haut.*) Comment vous appellez-vous ?

ROSE.

Rose, Monseigneur, pour vous servir.

HELVÉTIUS.

Rose, je vous le déclare, vous méritez bien ce nom-là ; mais pourquoi avez-vous l'air si triste ?

ROSE.

C'est que je devais demain me marier avec Lucas.

HELVÉTIUS.

Il n'y a pas grand sujet de vous affliger.

ROSE.

Ce n'est pas cela. O mon Dieu ! je l'avais prévu, je suis toute troublée.

HELVÉTIUS.

Rose, rassurez-vous ; oubliez que vous êtes devant le seigneur de Voré, et ne parlez qu'à un ami. (*A part.*) Elle est vraiment charmante.

ROSE.

Vous le voulez, Monseigneur. Hier André, c'est mon père, me dit : Rose, il faut faire ta noce avec un bon festin. Mais qui nous le donnera ? C'est moi, Monseigneur, qui lui fis cette question-là. Mon père ne me répondit rien ; mais je dormais encore aujourd'hui, lorsqu'il sortit. En me réveillant je courus à son lit ; il n'y était pas, ni son fusil non plus.

HELVÉTIUS.

Ah ! nous y voilà.

ROSE.

Monseigneur, vous savez donc déjà la suite ? Votre garde l'a trouvé dans vos bois ; il l'a arrêté, traîné en prison.

HELVÉTIUS.

Dutaillis n'a fait qu'exécuter mes ordres.

ROSE.

Je suis perdue !

HELVÉTIUS.

Les hommes ne pourraient exister sans le maintien des propriétés. André, votre père, a méconnu ce principe, et il mérite sa punition. Que ne puis-je la supprimer ! Mais l'on a jusqu'ici trop abusé de ma clémence ; il faut que l'on apprenne enfin à respecter ma justice. Je souffre de vos larmes, mon enfant ; et cependant je dois tout vous refuser.

ROSE.

J'embrasse vos genoux.

HELVÉTIUS.

Que faites-vous, Rose ? L'on ne doit les fléchir que devant la Divinité.

ROSE.

Mon père n'est pas un homme sans aveu : non, Monseigneur, c'est un bon ouvrier. Vous, qui protégez ceux qui travaillent, vous lui devez votre appui. Le pain que je mange avec une vieille tante et cinq frères et sœurs, c'est lui qui nous le gagne. Bon Helvétius, vous paraissez ému. Vous ordonnez la mort de ces créatures innocentes, si vous ne leur rendez le seul soutien de leur existence... Jeune, d'une santé délicate, je ne saurais leur être fort utile. Permettez qu'on le fasse sortir de prison et qu'on m'y renferme à sa place. L'amour me fesait attacher bien du prix à la vie, mais j'en dois le sacrifice à qui me l'a donnée ; et j'en passerai les derniers instans à bénir le sauveur de mon père.

HELVÉTIUS, tantôt haut tantôt à part.

Quel accent touchant et vrai ! c'est celui de la nature. Pourquoi ne me livrerais-je pas à l'attendrissement qu'il fait naître. S'il est fâcheux de ne pouvoir soulager les peines, il est affreux de les causer. Oui, mettons-y un terme. Rose... Mais suis-je l'auteur de ces peines ? Qu'a-t-il résulté de toute ma douceur ? La désobéissance. Les lois sociales me prescrivent la rigueur, madame Helvétius l'exige; il le faut donc... Pauvre Rose, je n'ose arrêter mes yeux sur elle, je ne puis lui parler. Famille infortunée !... Contraint ici de paraître sévère, si j'allais.... Qu'on l'ignore !... (*Regardant Rose.*) Elle pleure... Ah ! sortons bien vite ; je risquerais de me trahir.

SCÈNE XIII.

ROSE, PICARD.

ROSE.

Il fuit, il me laisse. Grand Dieu ! je ne puis donc adoucir les maux de mon père !... Accorde-lui du moins le courage et la résignation dont il a besoin dans son infortune.

PICARD.

Qu'avez-vous, mam'selle Rose? vos yeux sont tout pleins de larmes.

ROSE.

J'en répands de bien amères; et la main qui aurait pu m'arracher à mon désespoir s'y refuse, sans que j'aie le droit de m'en plaindre.

PICARD.

M. Helvétius est l'ami des malheureux. Combien j'en ai conduit mystérieusement chez lui! Picard, me disait-il, je vous défends de parler de ce que vous voyez, même après ma mort. Il ne sait pas qu'il est bien dur de garder ces secrets-là!... Rose, je vous conseille de vous adresser à mon maître.

ROSE, vivement.

Il n'est point ému de mon chagrin.

PICARD.

Cependant il n'a jamais renvoyé mécontent un joli minois. Au reste, voici Madame, adressez-vous à elle?

ROSE.

Je ne veux pas l'affliger par la nécessité d'un refus.

(Rose sort.)

PICARD.

Que je plains cette petite Rose!

SCÈNE XIV.

Mme HELVÉTIUS, BAUDOT, PICARD.

Mme HELVÉTIUS.

Mon époux est déjà sorti ; c'est sans doute pour faire encore une bonne action : l'exemple de sa vie devrait porter tout le monde à la justice et à l'humanité. Cher Helvétius, assez d'autres admirent ton esprit ; plus heureuse, je peux apprécier ton cœur.

BAUDOT.

Eh bien ! Madame, nous avons enfin saisi un braconnier.

Mme HELVÉTIUS.

M. Helvétius en est-il instruit ?

BAUDOT.

Je n'ai rien eu de plus pressé que de l'en prévenir. Mais je vous avouerai que je crains toujours l'excès de son indulgence. Cette fois-ci, du moins, il faut sévir. Vous devriez vous-même interroger cet homme.

Mme HELVÉTIUS.

Picard, qu'on l'amène ici !

PICARD, à part.

Je vois qu'il s'agit du père de cette pauvre Rose ; on ne pourra guère les tirer de là.

(Il sort, avec un geste de compassion.)

SCÈNE XV.

Mme HELVÉTIUS, BAUDOT.

BAUDOT.

Le droit de faire grâce est sans contredit le plus beau des priviléges, et l'on doit s'estimer heureux lorsqu'on peut en user; mais ici la punition d'un seul va remettre l'ordre parmi tous. Vous en aurez la gloire, Madame; trève à une générosité mal-entendue, je vous en prie, l'intérêt de la société vous le commande.

Mme HELVÉTIUS.

Je ne céderai pas à la pitié, je le promets.

BAUDOT.

Bon. C'est indispensable. Voici notre prisonnier. (*A part.*) Le pauvre homme! Allons, du courage, Baudot, du courage.

(Madame Helvétius paraît rêveuse.)

SCÈNE XVI.

LES PRÉCÉDENS, ANDRÉ, PICARD.

ANDRÉ.

Je suis près de madame Helvétius; sa vue

seule commande le respect. Il me sera difficile de me taire.

Mme HELVÉTIUS.

Cet homme a la physionomie bien honnête.

BAUDOT.

Il y en a tant qui n'ont d'honnête que la physionomie. Madame, la nature avait souvent fait pour la vertu les traits dont se masque le vice.

Mme HELVÉTIUS.

Approchez. Quel est votre nom, votre état ?

ANDRÉ.

Mon nom est André; je suis manouvrier.

Mme HELVÉTIUS.

La fortune ne semble pas vous combler de ses dons ?

ANDRÉ.

Je fus soldat presque au sortir de l'enfance. Une femme, dont la perte me sera toujours sensible, me fixa à Mortagne, où je travaillai pour des hommes à riches possessions. Ruinés par leurs intendans, ils ne payèrent point mes mémoires ; je vendis alors tout ce que j'avais ; et sans argent, mais sans dettes, je me retirai dans cette terre, où mon travail est fort, et bien peu lucratif.

Mme HELVÉTIUS.

Êtes-vous sans enfans ?

ANDRÉ.

J'en ai six, dont quatre sont en bas âge, et hors d'état de m'aider.

Mme. HELVÉTIUS.

Six enfans !

BAUDOT.

Voyons s'il nous trompe. Est-ce par des moyens secrets que vous réussissez à les soutenir?

ANDRÉ.

Ah ! Monsieur, vous supposez... Ce serait abuser de ma triste situation. Ce matin, je fus coupable, il est vrai, mais c'était la première fois, et ce sera la dernière.

BAUDOT.

Qui nous en répond ?

ANDRÉ.

L'estime dont je jouis par tout le village, et qui me console dans mes peines; mes enfans en seront dignes après moi, s'ils ne périssent pas de misère.

PICARD.

Il a raison, M. Baudot, tous les braves gens l'aiment ici.

BAUDOT.

Eh! j'ai en mains le rapport de Dutaillis et une lettre du bailli contre André.

PICARD.

Oui, Monsieur, parce que le bailli voulait dernièrement cajoler Rose, et qu'elle l'a repoussé. Ne vous fiez pas toujours à ces officiers à robe longue!

Mme HELVÉTIUS, à part.

C'est dans le moment où mon époux se venge de ses ennemis à force de bienfaits, que je l'exciterais à des vexations pour le maintien de ses droits, et que j'enleverais à cet homme son travail et le pain de sa famille! Il faut que l'éclat de cette affaire impose aux malveillans, mais que de vertueux indigens n'en souffrent pas! (*Tirant André à part.*) André, je ne puis vous mettre en liberté; mais le prix de votre amende et celui de votre fusil doivent être.... Tenez, prenez cette bourse; voici la somme qui va vous rendre à votre famille; n'en dites rien à personne, surtout à mon époux, et ne l'offensez plus.

BAUDOT.

Elle lui donne de l'argent, à la bonne heure; mais qu'elle le laisse en prison!

ANDRÉ.

Reprenez cette somme, Madame.

BAUDOT.

Il la refuse ! j'en ferais autant.

Mme HELVÉTIUS.

Gardez-la, je le veux, et envoyez-moi demain vos enfans.

ANDRÉ.

Vous les verrez, Madame; mais je ne puis...

PICARD.

Monsieur arrive du côté du village.

(Il sort.)

BAUDOT.

Voyons ce que deviendra tout ceci.

(André veut faire reprendre la bourse à Madame Helvétius, qui la refuse.)

SCÈNE XVII.

LES PRÉCÉDENS, HELVÉTIUS.

HELVÉTIUS.

André est ici. A-t-on gardé le silence ? je suis trahi.

Mme HELVÉTIUS.

Mon époux!...(*Recommandation.*) André!...

HELVÉTIUS, à part.

Le lui avouer, impossible, elle se croirait jouée.

Mme HELVÉTIUS, à part.

Moi qui parlais de réprimer les délits de la chasse, il va m'accuser aujourd'hui de les protéger.

HELVÉTIUS, à part.

Je suis fort embarrassé.

Mme HELVÉTIUS, à part.

Comment lui faire entendre ?...

HELVÉTIUS.

Eh bien! ma bonne amie, voilà un de ces chasseurs... sur pied avant l'aurore!... Mais je l'ai fait saisir, et il en sera fait justice.

Mme HELVÉTIUS.

Vous me l'avez promis; assez de défenses, mais trop de faiblesse peut-être...

HELVÉTIUS, à part.

Elle ne sait rien.

Mme HELVÉTIUS, à part.

Il ne m'a pas pénétrée.

HELVÉTIUS.

Qu'en ce lieu tout le monde apprenne ce que c'est que de violer les propriétés! Son fusil confisqué, et une amende...

Mme HELVÉTIUS.

Vous ne sauriez mieux faire.

BAUDOT.

Quelle est donc cette énigme ?

HELVÉTIUS.

Il paiera l'amende dès aujourd'hui.

Mme HELVÉTIUS.

J'applaudis à cette juste sévérité.

SCÈNE XVIII.

LES PRÉCÉDENS, LUCAS en veste.

LUCAS.

ANDRÉ, elle est payée, ton amende.

ANDRÉ.

Que veux-tu dire ?

LUCAS.

J'en ai remis le montant à Dutaillis, et voilà ton acte de sortie.

(Il embrasse André.)

ANDRÉ.

Quoi ! mon ami ! quoi ! trois bienfaiteurs ensemble ! C'est le plus beau jour de ma vie.

Mme HELVÉTIUS.

André, vous vous égarez.

ANDRÉ.

Vous me pénétrez d'admiration. Et comment contenir plus long-tems l'élan de la reconnaissance? (*A Rose qui accourt.*) Ma chère Rose, accours, et imite ton père.

(Ils se jettent aux genoux de monsieur et madame Helvétius, qui les relèvent.)

SCÈNE XIX.

LES PRÉCÉDENS, ROSE, PICARD.

HELVÉTIUS.

Voila ce que j'avais craint.

ANDRÉ.

Madame, Lucas, écoutez tous. M. Helvétius est venu lui-même me trouver dans ma prison. Insensé, m'a-t-il dit, à quoi t'exposes-tu? Prends cet argent sans dire quelle main te l'a donné; qu'il te serve à sortir de ce mauvais pas; mais ne va plus y retomber!... Ah! digne et vertueux Helvétius! Monseigneur me quittait à peine; Picard vient me chercher de la part de Madame, qui, sous le même mystère, veut exercer envers moi la même libéralité.

HELVÉTIUS.

Mon amie!

Mme HELVÉTIUS.

Le meilleur des hommes! le plus tendre époux!

HELVÉTIUS.

Nos cœurs s'entendront toujours.

ANDRÉ.

Mais, Monseigneur, ce n'est pas un don; n'est-il pas vrai, Rose? n'est-il pas vrai, Lucas? Nous redoublerons de travail pour rembourser cet argent.

ROSE ET LUCAS.

Oui, oui.

HELVÉTIUS.

Vous vous moquez, mes enfans, je ne fais que réparer bien imparfaitement le tort du hasard. A quoi a-t-il tenu (*A André.*) qu'André fût Helvétius, et que je fusse André?

BAUDOT.

Je ne puis y résister moi-même; vous m'attendrissez, Helvétius, vous me donnez un nouvel être; je me croyais juste; je n'étais qu'insensible et dur. Mais pleins d'amour pour les bons, soyons implacables envers les méchans. Picard vient de me révéler la conduite de Dutaillis; il n'a arrêté André que parce qu'il lui avait refusé Rose; il ne l'a emprisonné que pour le forcer à lui donner sa main. Il excitait contre elle le bailli. Après avoir reçu le prix de l'amende et du fusil, il a eu la lâcheté de prendre tous les effets de Lucas, pour lui accorder un ordre de sortie, devenu inutile.

HELVÉTIUS.

Dutaillis mérite ma colère; je lui ôte sa place, (*A André.*) et c'est à toi que je la donne.

ANDRÉ.

Ruiner Dutaillis! oh! Monseigneur!

HELVÉTIUS.

Je conçois ta délicatesse, et je l'admire. (*Tirant André à part.*) Je te promets, s'il se repent, que je te procurerai à toi-même, avant peu, le plaisir de lui rendre service; d'après cela, tu ne me refuseras plus. (*Haut.*) J'ajoute à ta place de garde, en toute propriété, la petite maison au bout du village. Tu sauras faire respecter tes fonctions à ceux qui voudront chasser dans mes bois; tu leur conteras combien l'on se fait de mal pour une faute souvent commise par étourderie. Toi, Lucas, toi, dont la conduite mérite nos éloges, tu auras la ferme que cultivait ton père. Rose, il deviendra ton époux; la nature t'a donné pour dot la beauté; ton éducation, la vertu...

Mme HELVÉTIUS.

Nous voulons, M. Helvétius et moi, y entrer pour notre part.

BAUDOT.

Or, métal corrupteur, tyran du monde,

tu n'es cependant pas toujours méprisable ; ces vertueux époux t'honorent ; tu sers entre leurs mains à de belles actions.

FIN D'HELVÉTIUS A VORÉ.

SENLIS,
IMPRIMERIE DE TREMBLAY.

www.ingramcontent.com/pod-product-compliance
Ingram Content Group UK Ltd.
Pitfield, Milton Keynes, MK11 3LW, UK
UKHW022141170726
13837UKWH00004B/1714